Klemens Nodewald
Aus dem Vertrauen leben

W0175094

Aus dem Vertrauen leben

Ermutigungen, das Leben
in seiner Vielfalt anzunehmen

von
Klemens Nodewald

echter

Bibliografische Information der Deutschen Nationalbibliothek

Die Deutsche Nationalbibliothek verzeichnet diese Publikation
in der Deutschen Nationalbibliografie; detaillierte bibliografische
Daten sind im Internet über <http://dnb.d-nb.de> abrufbar.

© 2009 Echter Verlag GmbH, Würzburg
www.echter-verlag.de

Gestaltung
Peter Hellmund, Würzburg

Titelbild
Herbert Liedel

Druck und Bindung
Friedrich Pustet, Regensburg

ISBN 978-3-429-03150-3

Das Vertrauen erfährt im Laufe des Lebens viele Erschütterungen. Enttäuscht über andere, enttäuscht über sich selbst, enttäuscht über das Leben verliert das Vertrauen oft an Dynamik und Kraft. Skepsis, Zweifel, Misstrauen können unter Umständen einen so breiten Raum einnehmen, dass sie einer gesunden Entfaltung und einem frohen, kraftvollen Leben im Wege stehen. Entwicklung und Wachsen und ein von innen her voll bejahtes Leben bedürfen jedoch eines guten Maßes an Vertrauen: Vertrauen in sich selbst, Vertrauen in die Mitmenschen, Vertrauen in das Positive des Lebens.

Das vorliegende Buch möchte Mut machen, ange-schlagenes oder verlorenes Vertrauen wieder zu ge-winnen, ja es zu einem gesicherten Fundament für das Leben werden zu lassen.

Bei dem Bemühen, Vertrauen in sich zu verankern, schlägt der Autor als ersten Schritt vor, sich in Gott zu verwurzeln und zu bergen. Gottes Vertrauen zu uns Menschen, das er nicht zurücknimmt, auch wenn wir versagen, fordert jeden heraus, eine ge-sunde Grundachtung vor sich selbst nie aufzugeben. Diese Haltung ist umso berechtigter, da Gott jedem seinen Beistand zusichert, der zu persönlicher Um-kehr und innerer Erneuerung bereit ist. Warum soll-ten wir geringer von uns denken, als Gott es tut?

Gottes Liebe zu uns, seine Hilfe und sein Beistand können uns sodann darauf vertrauen lassen, das Leben mit seinen Freuden, Leiden und Herausforderungen als sein Angebot an uns zu sehen, um mit seiner Hilfe in und an unserem Menschsein zu reifen.

Wachsendes Vertrauen in Gott und Verbundenheit mit ihm machen uns schließlich fähig, auch den Mitmenschen – trotz unserer Enttäuschungen über sie – mit neuem Vertrauen, neuer Wertschätzung und froher Hilfsbereitschaft zu begegnen.

Die meditativ gehaltenen Texte wollen zum Innehalten einladen, um in einer Besinnung den großen Wert des Vertrauens für das Leben neu ins Bewusstsein zu rücken. Die angeführten Beispiele sind dem Alltag abgeschaut und zeigen, wie sehr das Vertrauen dem Leben Tiefe, Weite, Sinn und Wesentlichkeit schenken kann.

An sich selbst glauben

Sich mutig offen zeigen

So soll euer Licht vor den Menschen leuchten,
damit sie eure guten Werke sehen
und euren Vater im Himmel preisen.
MATTHÄUS 5,16

Sei nicht ängstlich
oder so bescheiden
dass du deine Talente
dein Wissen und Können
deine Erfolge
dein Glück
dein Herz
verbirgst

Es gibt auch in deinem Umfeld
nicht nur Neider
sondern viele Menschen
die sich über dich
mit deinen guten und schönen Seiten
von Herzen freuen
und sich dir verbunden wissen

Lass ihnen dein Licht leuchten

Zeichen von innerer Stärke

Er (Gott) aber antwortete mir: Meine Gnade genügt dir;
denn sie erweist ihre Kraft in der Schwachheit.
Viel lieber also will ich mich meiner Schwachheit rühmen,
damit die Kraft Christi auf mich herabkommt.
ZWEITER KORINTHERBRIEF 12,9

Nur innerlich schwache Menschen
wollen nach außen immer als Starke gelten
Gestatte dir
offen zu deinen Schwächen zu stehen
Es ist ein Zeichen innerer Stärke

Nur Menschen ohne eigenen Standpunkt
wollen bei allen beliebt sein
Erwirb dir eine klare, feste Linie
und die Bereitschaft zu Kompromissen
die deinem Standpunkt Spielraum lassen
Schwanke nicht wie ein Schilfrohr hin und her
Einen eigenen Standpunkt haben
weist hin auf innere Stärke

Nur unsichere Menschen
müssen immer Recht behalten
und können einen Irrtum nicht zugeben
Gestatte dir zu bekennen
dich geirrt zu haben und unvollkommen zu sein
Dies Eingeständnis zeugt von Stärke

Nur ängstliche und feige Menschen
müssen stets auf Nummer sicher gehen
und wagen nicht das kleinste Risiko
Riskiere, wage, erprobe, unternimm, teste
Es ist ein Zeichen deiner inneren Stärke

Innere Stärke
lebt und erwächst
aus dem Ja zur eigenen Schwäche
und dem Vertrauen in Gottes Beistand
der uns in unseren Schwächen zu Hilfe kommt

Zwischenprüfung

Ich habe den guten Kampf gekämpft,
den Lauf vollendet, die Treue bewahrt.
ZWEITER TIMOTHEUSBRIEF 4,7

Keiner von uns
ist als ein Meister
vom Himmel gefallen

Das besagt
Wir dürfen selbst entscheiden
ob und auf welchem Gebiet
wir ein Meister werden wollen

Die größte und schwierigste Leistung
für jeden von uns wird sein
das eigene Leben zu meistern

Der Meisterbrief hierfür
wird allerdings immer erst
am Ende des Lebens ausgestellt

Damit wir für uns selbst feststellen können
welche Fortschritte wir errungen haben
stellt uns das Leben von Zeit zu Zeit
vor Zwischenprüfungen

Auferstehen mitten im Leben

Am Abend dieses ersten Tages der Woche,
als die Jünger aus Furcht vor den Juden
die Türen verschlossen hatten, kam Jesus,
trat in ihre Mitte und sagte zu ihnen:
Friede sei mit euch!
Nach diesen Worten zeigte er ihnen seine Hände
und seine Seite.
Da freuten sich die Jünger, dass sie den Herrn sahen.
JOHANNES 20,19–20

Ohne Sterben
gibt es keine Auferstehung

Loslassen und bewusst sterben
macht Wege frei für erneuertes Leben

Loslassen
von unseren überzogenen Wunschträumen
und unseren Möchte-gern-Bildern
Loslassen von Zielen
die uns nicht zu unserem tieferen Mensch-Sein
und dem eigenen Ich führen

Auferstehen zu dem uns bestimmten Leben
das in unserem Herzen
noch zu großen Teilen begraben liegt –
entfesselt aber
könnte es uns verklären mit seinem Glanz

Entfesseltes Leben
trägt die Züge des Auferstandenen

Mit unserer freigesetzten Liebe und Freundlichkeit
werden wir oft ganz unerwartet
bei den Menschen erscheinen

Unser Kommen und Auftreten wird
Frieden bringen
Versöhnung stiften
ausgleichen
und miteinander verbinden

Unsere Begegnungen werden
Furcht nehmen
beruhigen,
Freude ermöglichen
und Vertrauen zurücklassen
wenn wir wieder gehen

Für die Auferstehung
des noch in uns verborgenen Lebens
lohnt sich jedes Sterben des „alten" Menschen

Es ist ein Sterben mit Gewinn
eine kleine, vorweggenommene Auferstehung
mitten im Leben

Sei stolz

Gott schuf also den Menschen als sein Abbild;
als Abbild Gottes schuf er ihn.
Als Mann und Frau schuf er sie.
GENESIS 1,27

Sei stolz
und achte auf deine Würde

Du erhältst und bewahrst sie
wo du das Gute anstrebst
deinem Handeln deine Züge verleihst
und nicht unüberlegt alles tust
was dir aufgetragen wird

Wer Niedriges oder Unehrenhaftes
von dir erwartet und dir zumutet
achtet deine Würde und deine Ehre nicht

Um deiner selbst willen
hüte dich vor solchen Menschen
und beuge dich niemals ihrem Willen –
um keinen Preis

Sei stolz
du bist geschaffen als Gottes Ebenbild

Flieh nicht vor dir selbst

Seit dem Tag, an dem wir davon erfahren haben,
hören wir nicht auf, inständig für euch zu beten,
dass ihr in aller Weisheit und Einsicht,
die der Geist schenkt,
den Willen des Herrn ganz erkennt.
KOLOSSERBRIEF 1,9

Flieh nicht ständig vor dir selbst
Mute dich dir selber immer neu zu
wie schwierig das auch sei

Es ist die Schule
zu lernen
mit problematischen Menschen umzugehen

Wer nicht fest
zu den Kanten und Winkelzügen
seines Charakters steht
meidet Menschen seines eigenen Wesens
anstatt aus eigener Erfahrung
gerade ihnen zu helfen und beizustehen

Wunsch für mein Leben

Aufgrund der Gnade, die mir gegeben ist,
sage ich einem jeden von euch: Strebt nicht über das
hinaus, was euch zukommt, sondern strebt danach,
besonnen zu sein, jeder nach dem Maß des Glaubens,
das Gott ihm zugeteilt hat.
RÖMERBRIEF 12,3

Ich wünsche mir oft,
mein Leben wäre einem Bach vergleichbar.
Zwar wird ein Bach mit seinem Wasser
den Meeresspiegel nicht in die Höhe treiben;
doch so unbedeutend,
wie es auf den ersten Blick erscheinen mag,
ist ein Bach gewöhnlich nicht.

Bevor er sich in den Ozean ergießt,
hat er vielleicht ein Mühlrad angetrieben,
Tiere und Pflanzen an seinen Ufern getränkt,
einen Garten bewässert,
kleinen Fischen, Mücken, Kröten und Fröschen
ein Zuhause gewährt,
kantige Steinbrocken zu Kieselsteinen geformt,
das Gesicht seines Tales mitgeprägt und mitbestimmt,
mit seinem Plätschern Lebensfreude geweckt,
Menschen zum Innehalten und Staunen bewegt.

Ein so vielfältiges und buntes Leben
wie das eines Baches,
überschaubar und zu vielem nütze,
das wünsche ich mir.

Die immer wiederkehrende Versuchung

Jeder wird von seiner eigenen Begierde,
die ihn lockt und fängt,
in Versuchung geführt.
JAKOBUSBRIEF 1,14

Ich habe manchmal das Gefühl
gewisse Fehler an mir
machen mich bei einigen Menschen
beliebter als meine Tugenden

Dann stehe ich jedes Mal neu
vor der Entscheidung
was ich höher stellen will
die Achtung vor mir selbst
oder die Beliebtheit bei anderen

Liebe hat ein feines Gespür

Der Wahrheit gehorsam,
habt ihr euer Herz rein gemacht
für eine aufrichtige Bruderliebe;
darum hört nicht auf,
einander von Herzen zu lieben.
ERSTER PETRUSBRIEF 1,22

Liebe
hat viele feine Sinne

Sie erahnt heimliche Wünsche
und vernimmt unausgesprochene Bitten

Sie spürt, wenn eine Seele trauert
und durchschaut, wenn das lachende Auge weint

Sie hört stummes Klagen
und bemerkt, woran der andere leidet

Sie fühlt die Wunden und Narben des Gegenüber
und nimmt wahr, sobald jemandem etwas peinlich
wird

Sie entdeckt verborgene gute Seiten
und erkennt, was dem Einzelnen zumutbar ist

Liebe hat ihr eigenes feines Gespür
um Verborgenes zu entdecken
und diesem diskret und taktvoll zu begegnen

Saat und Ernte

Täuscht euch nicht:
Gott lässt keinen Spott mich sich treiben;
was der Mensch sät, das wird er ernten.
Wer im Vertrauen auf das Fleisch sät,
wird vom Fleisch Verderben ernten;
wer aber im Vertrauen auf den Geist sät,
wird vom Geist ewiges Leben ernten.
GALATERBRIEF 6,7–8

Weil ich auf meinem Lebensacker
keinen Samen der Barmherzigkeit säte,
wuchs mit der Zeit auf ihm das Unkraut
Handeln ohne Mitgefühl und Rücksichtslosigkeit

Und als ich mein Feld des Vertrauens
nicht weiterhin pflegte und bepflanzte,
brachte es Verzagtheit und Ängste hervor

Immer wenn wir die Ackerflächen unserer Seele
brachliegen lassen und nicht bestellen,
wird sich mit der Zeit
ganz von selbst
Unkraut auf ihnen ausbreiten

Aus der Opferrolle aussteigen

Prüft, was dem Herrn gefällt,
und habt nichts gemein mit den Werken der Finsternis,
die keine Frucht bringen,
sondern deckt sie auf!
EPHESERBRIEF 5,10–11

Das Gefährliche an vielen Übeln ist
dass wir uns mit der Zeit
selbst daran gewöhnen
sie ohne Murren und Aufbäumen zu ertragen

Nur wenn wir uns
entschlossen und mit Energie gegen Übel auflehnen
aus der Opferrolle aussteigen
und die Haltung des geduldigen Ertragens aufgeben
wird es uns gelingen
aufmerksam und angemessen
den nötigen Widerstand zu leisten
Leisetreten, leiden, klagen
das ist zu wenig

Sich auf die eigenen Kräfte besinnen
Verbündete suchen und
sich mit ihnen zusammenschließen
Kräfte sammeln und vereinen, um stark zu werden
das befähigt uns
Übel aufzudecken und aus der Welt zu schaffen

Sich beflügeln lassen

Doch alle sollen sich freuen, die auf dich vertrauen,
und sollen immerfort jubeln.
PSALM 5,12A

Sich beflügeln lassen –
und Begeisterung ins Leben bringen

Sich beflügeln lassen –
der täglichen Arbeit Freude abgewinnen

Sich beflügeln lassen –
und das Leben kreativ und vielfältig gestalten

Sich beflügeln lassen –
sich selbst entdecken und wertschätzen

Sich beflügeln lassen –
aus sich einen liebenswerten Menschen machen

Sich beflügeln lassen –
an das Gute im anderen glauben

Sich beflügeln lassen –
und sich Menschen liebevoll zuwenden

Sich beflügeln lassen –
Schwierigkeiten mutig anpacken

Sich beflügeln lassen –
die sich bietenden Chancen ergreifen

Sich beflügeln lassen –
Enttäuschungen und Niederlagen annehmen
und verkraften

Sich beflügeln lassen –
die Hoffnung nie aufgeben und aus ihr Kraft schöpfen

Sich beflügeln lassen –
auf Gott und seinen Beistand vertrauen

Sich beflügeln lassen –
um dem Leben den uns möglichen Schwung
zu verleihen

Im Blick auf später

Denn ihr sollt ein Leben führen,
das des Herrn würdig ist
und in allem sein Gefallen findet.
KOLOSSERBRIEF 1,10A

Jeden Tag
will ich bestrebt sein
und mich darum mühen
so zu leben und zu handeln

dass ich mich später einmal
an viele meiner Tage
froh und gern erinnere

Mein Heute muss gelingen
damit es morgen von mir zu Recht
„die gute alte Zeit"
genannt werden kann

Charakterlicher Ausverkauf

Geht es mir denn um die Zustimmung der Menschen,
oder geht es mir um Gott?
Suche ich etwa Menschen zu gefallen?
Wollte ich noch den Menschen gefallen,
dann wäre ich kein Knecht Christi. ·
GALATERBRIEF 1,10

Nichts
ist unserem Inneren
abträglicher

Nichts
verdirbt unseren Charakter
mehr

Nichts
ist des Menschen unwürdiger

als der unentwegte Versuch
sich bei allen Menschen
einzuschmeicheln und beliebt zu machen

Das Herz ausschmücken

Nicht auf äußeren Schmuck sollt ihr Wert legen,
auf Haartracht, Gold und prächtige Kleider,
sondern was im Herzen verborgen ist,
das sei euer unvergänglicher Schmuck:
ein sanftes und ruhiges Wesen.
ERSTER PETRUSBRIEF 3,3–4

Kein Mensch wird geboren
mit Groll, Hass, Neid oder Eifersucht im Herzen

Und niemand ist verpflichtet,
bösen Neigungen Haus- und Wohnrecht einzuräumen,
nur weil es diesen gelang,
sich bei uns einzunisten

Gott gab uns das Herz,
damit wir es ausschmücken mit Edelsteinen,
die uns als Menschen zieren
und für andere liebenswert machen

Die Kleinen sind nicht ohnmächtig

Oder wenn ein König
gegen einen anderen in den Krieg zieht,
setzt er sich dann nicht zuerst hin und überlegt,
ob er sich mit seinen zehntausend Mann
dem entgegenstellen kann,
der mit zwanzigtausend gegen ihn anrückt?
LUKAS 14,31

Eine
kleine
zarte
leichtgewichtige
Stechmücke

kann einen ausgewachsenen Stier
mit all seiner Kraft
sehr unruhig und nervös machen

und zuweilen
in die Flucht treiben

Erlebt und selbst erfahren

Da fragten sie ihn: Was müssen wir tun,
um die Werke Gottes zu vollbringen?
Jesus antwortete ihnen:
Das ist das Werk Gottes, dass ihr an den glaubt,
den er gesandt hat.
JOHANNES 6,28–29

Wer sich geliebt weiß
kann sich selbst in seinen Schwächen annehmen

Wer sich getragen fühlt
entwickelt Mut

Wer sich von innen heraus führen lässt
findet für sich gehbare Wege

Wer sich geborgen weiß
dem erwächst Zuversicht und Stärke

Wer sich versöhnt hat und Vergebung schenken ließ
bricht freudig neu auf

Wer an Christus glaubt und sich ihm anvertraut
wird erfahren
dass er geliebt, getragen und geführt wird
und Geborgenheit und Vergebung erhält

Bewundernswert sind Gottes Werke

Was der Herr tut, beachten sie nicht,
was seine Hände vollbringen, sehen sie nicht.
JESAJA 5,12B

Ich weiß selbst nicht
warum ich nicht
über jedes Gänseblümchen
jeden Grashalm
jedes Pflänzchen
genauso staune
wie über ein schönes Gebäude
oder einen geschnitzten Altar

Diesen Mangel
muss ich unbedingt
beheben

Sich verwurzeln

Sich verwurzeln

Ihr habt Christus Jesus als Herrn angenommen.
Darum lebt auch aus ihm!
Bleibt in ihm verwurzelt und auf ihn gegründet.
KOLOSSERBRIEF 2,6–7A

Sich verwurzeln –
in festem Boden, in klaren Überzeugungen
die ein Hin und Her nicht zulassen
die sicheren Stand verleihen

Sich verwurzeln –
damit Leben kraftvoll wachsen
und sich in große Höhe entfalten kann

Sich verwurzeln –
in tragenden Grund
der kommende Belastungen aushält

Weil Bäume sich verwurzeln
und sich nie „auf den Kopf stellen"
– die Wurzeln nach oben –
können sie wachsen und reichlich Früchte tragen

Weil Bäume ihrem Wesen treu bleiben
können sie sich verändern
und der jeweiligen Zeit Rechnung tragen
mit einem neuen Blätterkleid
mit neuem Blühen
mit neuen Früchten

Wie sehr die neuen Blätter, Blüten, Früchte
auch denen der Vorjahre ähneln
nie sind sie in ihrer konkreten Gestalt
den Vorangegangenen gleich

Menschen
die sich (in Christus) verwurzeln
werden standfest
wachsen und entwickeln sich kraftvoll
Ihnen gelingen wirksame und fruchtbare
Veränderungen –
an sich selbst und in ihrem Lebensraum
ohne dass sie dabei irgendetwas
auf den Kopf stellen müssen

Sich tief verwurzeln
darauf kommt es an
es ist der persönliche Beitrag zu unserem Leben
den wir selbst erbringen müssen
den uns niemand abnehmen kann

Barmherzigkeit

Wer Barmherzigkeit übt,
der tue es mit Freude.
RÖMERBRIEF 12,8D

Barm-herz-igkeit
ein Begriff mit kostbarem Fundament
Herz

ein Begriff, der viele Bausteine enthält
Mitgefühl
Verständnis
Anteilnahme
Hilfsbereitschaft
Wohlwollen
Güte
Erbarmen

Barmherzigkeit
ein Geschenk, das unendlich wertvoll ist
wenn aus dem Begriff Barmherzigkeit
menschliche Handlung und Tat
mit froher Herzlichkeit wird

Aus dem Vertrauen leben

Die aber, die dem Herrn vertrauen,
schöpfen neue Kraft,
sie bekommen Flügel wie Adler.
Sie laufen und werden nicht müde,
sie gehen und werden nicht matt.
JESAJA 40,31

Menschen
die aus dem Vertrauen auf Gott leben
schöpfen neue Kraft

Ihre Ängstlichkeit fasst Mut
Ihr Zaudern wechselt ins Tun
Ihre schwankenden Schritte bekommen Halt
Ihre Trauer wandelt sich in Zuversicht
Ihre Unruhe und Hast kommen ins Gleichgewicht
Ihr Ringen bleibt nicht ohne Erfolg

Menschen
die auf Gott vertrauen
bekommen Flügel

Das Angebot unserer Schwächen

Ihr seid von Gott geliebt,
seid seine auserwählten Heiligen.
Darum bekleidet euch mit aufrichtigem Erbarmen,
mit Güte, Demut, Milde, Geduld!
KOLOSSERBRIEF 3,12

Unsere eigenen Schwächen
und die der anderen

sind das Angebot an uns

Barmherzigkeit
Erbarmen
Güte, Geduld und Langmut
einzuüben

Der Mangel
an gütigen und barmherzigen Menschen
ist mindestens so groß
wie der Mangel
an vollkommenen und fehlerlosen

Als barmherzige und gütige Menschen
sind wir sehr begehrt –
trotz unserer Schwächen

Von Grund auf renovieren

Jesus sprach:
Die Zeit ist erfüllt, das Reich Gottes ist nahe.
Kehrt um, und glaubt an das Evangelium!
MARKUS 1,15

Ein verwohntes
heruntergekommenes Haus
kann man
erneuern
und herausputzen

Auch ein Herz
lässt sich
von Grund auf
renovieren
und erneuern

Sehen will gelernt sein

Habt ihr denn keine Augen,
um zu sehen?
MARKUS 8,18A

Sehen will gelernt sein
Was nützen Augen
wenn man sie nicht richtig gebrauchen kann

Mit den Augen eines Kindes
die Welt bestaunen

Mit offenen Augen und klarem Blick
der Wirklichkeit begegnen

Öfter einmal innehalten und die Augen schließen
um den Durchblick zu behalten

Mit einem Splitter oder Balken im Auge
kein Urteil fällen

Mit den Augen des Herzens
den Menschen begegnen

Auf die Richtung kommt es an

Gib mir Einsicht, damit ich deiner Weisung folge
und mich an sie halte aus ganzem Herzen.
Führe mich auf dem Pfad deiner Gebote!
Ich habe an ihm Gefallen.
PSALM 119,34–35

An den Straßen unseres Lebens
stehen keine Wegweiser
die uns auf einen bestimmten Pfad festlegen
Denn viele Wege führen zum Ziel

Aber die Richtung muss stimmen

Ob unsere Schritte
die richtige Richtung einschlagen
können wir daran überprüfen
ob sie uns näher bringen
zu Gott
zu uns selbst
zu unseren Mitmenschen

Hunger müssen wir pflegen

Selig, die hungern und dürsten nach Gerechtigkeit;
denn sie werden satt werden.
MATTHÄUS 5,6

Hunger verspüren, sich sättigen,
neuen Hunger fühlen
gehört zu unserem Lebensrhythmus

Nicht nur unser Körper
auch unsere Seele entwickelt neuen Hunger
Woran die Seele sich einmal labte und erquickte
das macht sie nicht für immer satt
Sie wird neu hungern nach dem
was sie sättigt und ihr Kräfte schenkt

Hunger erinnert und fordert auf
Er ist unsere Antriebskraft
Darum müssen wir ihn pflegen

Hunger nach Wahrheit und Aufrichtigkeit
Hunger nach Gemeinschaft und Verbundenheit
Hunger nach Versöhnung und Frieden
Hunger nach dem Verlangen, gut sein zu wollen
Hunger nach Geborgenheit und Gottes Nähe

Hungern, sich sättigen
und neuen Hunger entwickeln
Diesen Rhythmus müssen wir unbedingt pflegen

Der Trick der Falschheit

Hütet euch vor den falschen Propheten;
sie kommen zu euch wie (harmlose) Schafe,
in Wirklichkeit aber sind sie reißende Wölfe.
MATTHÄUS 7,15

Härte und Kampf
Hinterlist und Verschlagenheit
Halbwahrheit bis Lüge
Bestechung, versteckter Betrug, unlauterer
Wettbewerb
Missbrauch der Macht, Ausbeutung …

kommen nicht am Bettelstab daher,
um vorsichtig oder demütig bittend
bei uns anzuklopfen

Sie präsentieren sich stets aufs Neue
als das einzig Vernünftige
als die wahren und großen Retter
ohne deren Hilfe wir in gegenwärtiger Zeit
angeblich nicht bestehen können

Ohne Aufbruch erlahmt das Leben

Der Herr sprach zu Abraham:
Zieh weg aus deinem Land,
von deiner Verwandtschaft
und aus deinem Vaterhaus in das Land,
das ich dir zeigen werde.
GENESIS 12,1

Ohne Aufbruch – keine Veränderung
Ohne Aufbruch – keine innere Entwicklung
Ohne Aufbruch – kein Fortschritt

Ohne Aufbruch – kein Wachsen
Ohne Aufbruch – kein Wandel
Ohne Aufbruch – keine Erneuerung

Ohne Aufbruch – keine Entfaltung
Ohne Aufbruch – keine Vielfalt
Ohne Aufbruch – keine Vertiefung

Ohne Aufbruch – keine neue Bewährung
Ohne Aufbruch – keine neuen Erfahrungen
Ohne Aufbruch – verflacht das Leben

Lege deinen Geist in mein Inneres

Ich lege meinen Geist in euch und bewirke,
dass ihr meinen Gesetzen folgt
und auf meine Gebote achtet
und sie erfüllt.
EZECHIEL 36,27

Unter der Wirkung deines Geistes, Herr,
will ich mich einlassen auf ein Leben,
das deinen Gesetzen folgt und deinen Willen sucht.

Bei den vielen Angeboten,
die mir tagein, tagaus begegnen,
lass mich unterscheiden lernen
zwischen Verlockung und deinem Anruf an mich,
zwischen meinen Träumen und deinen Erwartungen,
zwischen dem, was anzustreben sich wirklich lohnt,
und den Seifenblasen.

Herr,
ich scheue nicht Arbeit und Mühe.
Aber oft bin ich unsicher,
welcher Weg der deine für mich ist.

Darum mache wahr, was du versprochen hast.
Lege deinen Geist in mich, damit er mich leite,
damit ich anpacke,
was durch mich geschehen und getan werden soll.

Gott lieben

Darum sollst du den Herrn, deinen Gott, lieben
mit ganzem Herzen und ganzer Seele,
mit all deinen Gedanken und all deiner Kraft.
MARKUS 12,30

Gott lieben
ist mehr als nur
ihn nicht beleidigen
ihn als Herrn anerkennen und wirken lassen

Gott lieben ist mehr
als ihm ein treuer Diener sein
der den Weisungen seines Herrn
gehorsam und gewissenhaft folgt

Gott lieben heißt
von ihm ergriffen sein
das Herz an ihn hängen
ohne ihn nicht beglückt leben können
ihn nicht aus dem Sinn bekommen
sich nach ihm sehnen
seine Nähe regelrecht spüren
von ihm sprechen müssen
ihm nicht genug danken können

Die wichtigere Frage

Dienet einander als gute Verwalter
der vielfältigen Gnade Gottes,
jeder mit der Gabe, die er empfangen hat.
ERSTER PETRUSBRIEF 4,10

Wir sollten uns nicht in erster Linie fragen
ob wir etwas besser gemacht haben als andere

Die wesentlich wichtigere Frage wäre
ob wir im Blick auf
unsere Fähigkeiten
unsere Kräfte
unsere Lebenserfahrungen

im Blick auf
die vorgegebene Sachlage
die Begleitumstände
die sich anbietenden Chancen

aus den Situationen und Aufgaben
das Beste und uns Mögliche
gemacht haben

Fragen reduzieren sich

Der Gesetzeslehrer wollte seine Frage rechtfertigen
und sagte zu Jesus:
Und wer ist mein Nächster?
LUKAS 10,29

Wir werden nicht auf alle unsere Fragen im Leben
eine richtige Antwort finden

Wenn unser Sinnen und Trachten aber
auf Liebe und Wohlwollen eingestellt ist
unser Herz
auf Gottvertrauen
unser Inneres
auf die Bereitschaft zum Handeln

dann stellen sich viele Fragen im Leben
erst gar nicht

Die Liebe mit ihrem Drang zum Guten
macht viele Fragen überflüssig

Liebe hinterlässt keine Schuldner

Durch den Glauben
wohne Christus in eurem Herzen.
In der Liebe verwurzelt und auf sie gegründet,
sollt ihr zusammen mit allen Heiligen dazu fähig sein,
die Länge und Breite, die Höhe und Tiefe zu ermessen
und die Liebe Christi zu verstehen,
die alle Erkenntnis übersteigt.
So werdet ihr mehr und mehr
von der ganzen Fülle Gottes erfüllt.
EPHESERBRIEF 3,17–19

Machen wir uns frei
von dem landläufigen Gedanken,
wir würden Gott etwas schulden
Denn alles, was Gott gibt und gewährt,
schenkt er uns aus Liebe –
und nicht, um uns in irgendeinen Zugzwang
ihm gegenüber zu bringen

Von der Länge und Breite
der Höhe und Tiefe der Liebe Gottes berührt,
wird auch unsere Liebe sich läutern
und sich immer wieder verschenken,
ohne eine Gegenleistung zu erwarten

Dann werden wir beim Geben, Gewähren, Schenken
eine tiefe Seligkeit empfinden
und etwas von der Liebe Gottes wird in uns wohnen

Wahr bleibt wahr

Pilatus sagte zu ihm: Also bist du doch ein König?
Jesus antwortete: Du sagst es, ich bin ein König.
Ich bin dazu geboren und dazu in die Welt gekommen,
dass ich für die Wahrheit Zeugnis ablege.
Jeder, der aus der Wahrheit ist,
hört auf meine Stimme.
Pilatus sagte zu ihm: Was ist Wahrheit?
JOHANNES 18,37–38A

Die Wahrheit hängt nicht davon ab,
ob ihr viele zustimmen,
viele für sie eintreten
und ihr zu ihrem Recht verhelfen

Wahr bleibt wahr,
auch wenn niemand oder nur wenige
die volle Wahrheit wahrhaben
und akzeptieren wollen

Wahrheit
lässt sich durch Drehen und Wenden nicht kneten,
durch Diskussion nicht abschwächen
oder zurechtbiegen,
durch Ablehnung nicht aufheben

Die Liebe bringt es an den Tag

Nicht wer sich selbst empfiehlt, ist anerkannt,
sondern der, den der Herr empfiehlt.
ZWEITER KORINTHERBRIEF 10,18

Wo wir unser Leben
aus dem Blickwinkel der Liebe überdenken
schärfen sich die Konturen

Das Schöne und Gute
tritt stärker hervor
und erhält seinen angemessenen Glanz

Das Oberflächliche und Gedankenlose
wird seiner Harmlosigkeit entkleidet
Hinterhältiges und Boshaftes
lässt sich nicht mehr beschönigen

Wo wir uns
aus dem Gesichtspunkt der Liebe betrachten
kommt an den Tag
wer wir in Wahrheit sind
was uns ziert und ehrt
aber auch mangelt

Still muss es in mir werden

Mit ganzem Herzen vertrau auf den Herrn,
bau nicht auf eigene Klugheit;
such ihn zu erkennen auf all deinen Wegen,
dann ebnet er selbst deine Pfade.
SPRICHWÖRTER 3,5–6

Still
muss es in mir werden
damit sich die Zerstreuung in mir legt
und sich das Verworrene in mir ordnen kann

Still muss es in mir werden
damit die Hast in mir zur Ruhe kommt
meine Seele sich besinnen kann
und Gedanken des Heils in mir erwachen

Still muss es in mir werden
damit mein Blick sich auf den Herrn ausrichtet
und im Staunen über ihn bei ihm verweilt

Still muss es in mir werden
damit mein Herz mir anvertraut
wonach es sich sehnt und was es sich wünscht

Still muss es in mir werden
damit die leisen Stimmen in mir Gehör finden
und meine Seele sich mit Gott besprechen kann

Sich bergen

Stille Anbetung

Ich sage zum Herrn: Du bist mein Herr;
mein ganzes Glück bist du allein.
PSALM 16,2

Herr,
ich bin gekommen
um wieder einmal mit dir ganz allein zu sein
Du und ich

Nichts bringe ich mit
was mir schwer auf dem Herzen läge
kein Anliegen
keine quälende Frage
keine Bitte
Nur mit mir selbst bin ich gekommen

Anschauen will ich mich lassen von dir
von deinem liebevollen und gütigen Blick
durch den du dein Ja zu mir sprichst
Umarmen möchte ich mich von dir lassen
und neu eintauchen in das Geheimnis
deiner Liebe zu mir

Und dazu möchte ich mit dir allein sein
für Augenblicke, die ganz uns gehören

Suche mich

Wenn einer von euch hundert Schafe hat
und eins davon verliert,
lässt er dann nicht die neunundneunzig
in der Steppe zurück
und geht dem verlorenen nach, bis er es findet?
Und wenn er es gefunden hat,
nimmt er es voll Freude auf die Schultern.
LUKAS 15,4–5

Immer wenn ich mich verirrt oder verloren habe

verbissen in meine Pläne und Ideen
verstiegen in meinen Stolz
befangen im Egoismus
verbohrt in unnachgiebigen Trotz
verstrickt in die Lüge
festgefahren in Vorurteilen
geknickt und verwundet durch Enttäuschungen
verbittert durch Leid oder Schicksal
gefangen in Fallen der Verlockungen
verhärtet im Herzen

lass mich erfahren, Herr,
dass du mich suchst

Komm mir entgegen
Säume nicht

Sich in Gottes Liebe sonnen

Lobe den Herrn, meine Seele,
und alles in mir seinen heiligen Namen!
Lobe den Herrn, meine Seele,
und vergiss nicht, was er dir Gutes getan hat.
PSALM 103,1-2

So wie alle Knospen
unter der Sonne aufblühen
und die Früchte
unter ihrer Wärme und ihren Strahlen reifen

so können und sollen wir Menschen uns
in Gottes Liebe, seiner Wärme und Gnade sonnen
heranwachsen und gedeihen

Sich sonnen
sich immer wieder in Gottes Liebe sonnen
lässt unser Leben aufblühen
und wie die Früchte reifen

Unter Gottes Obhut

Dann will ich euch aufnehmen und euer Vater sein,
und ihr sollt meine Söhne und Töchter sein,
spricht der Herr, der Herrscher über die ganze Schöpfung.
ZWEITER KORINTHERBRIEF 6,17B–18

Wenn es schwierig wird,
flüsterst du, Gott, mir zu:
Du bist nicht allein, rechne fest mit mir!

Wenn ich zögere, mich noch nicht recht traue,
ermutigst du mich:
Ich bin bei dir, geh nur, verlass dich auf mich!

Wenn ich versagt habe und mich sehr schäme,
versicherst du mir:
Ich stehe trotz allem weiterhin zu dir,
darauf darfst du bauen!

Wenn ich mich selbst aufgebe,
stimmst du mir nicht zu:
Du glaubst weiterhin an mich.

Wenn ich mich eigenwillig von dir losgesagt habe,
bietest du mir an:
Komm zurück, ich warte auf dich,
meine Tür steht dir offen!

Wenn ich dir für deine Treue und Liebe danke,
höre ich dich sagen:
Du bist doch mein Kind –
wie könnte ich mich jemals von dir abwenden!

Komm heim

Schaut her, ihr Gebeugten, und freut euch;
ihr, die ihr Gott sucht: euer Herz lebe auf!
PSALM 69,33

Höre auf
in deinen Enttäuschungen oder Leiden
bei Kummer oder Ratlosigkeit
im Gefühl von Einsamkeit und Verlassenheit
Gott unruhig überall zu suchen

Er ist in deinem Herzen
und wartet darauf
dass du zu dir nach Hause kommst
und dich ihm zu Füßen setzt

Er will deiner Hast Ruhe schenken
Luft holen und aufatmen sollst du in seiner Nähe
und unter seinem gütigen Blick
ihm dein Herz ausschütten

Von deinen Verwundungen will er dich heilen
und dir sagen, wie sehr er dich schätzt

Komm nach Hause
Er erwartet dich dort

Unsere Sternstunden sind dem Wechsel unterworfen

Werft also eure Zuversicht nicht weg,
die großen Lohn mit sich bringt.
Was ihr braucht, ist Ausdauer,
damit ihr den Willen Gottes erfüllen könnt
und so das verheißene Gut erlangt.
HEBRÄERBRIEF 10,35–36

Die Sonne
wie die Sterne
bleiben nicht für ewig fest gefügt
an unserem Himmel stehen

Sie gehen auch immer wieder an unserem Himmel unter
und überlassen uns
der eigenen Kraft und dem eigenen Ringen
nicht um uns zu verstoßen
sondern um beizeiten für uns neu aufzugehen

Doch bei jedem neuen Erscheinen
haben Sonne und Sterne
ihren Standort verändert
und die Zeitdauer ihres Verweilens

Sternstunden in unserem Dasein
sind immer wieder
auch dem Wechsel und der Vergänglichkeit unterworfen
um an anderen Stellen des Lebens
in veränderter Form an unserem Himmel
neu zu erscheinen

Der hilfreiche Anstoß

Wen ich liebe, den weise ich zurecht
und nehme ihn in Zucht.
Mach also Ernst und kehr um!
Ich stehe vor der Tür und klopfe an.
OFFENBARUNG 3,19–20A

Herr
klopfe nicht nur bei mir an
gib mir einen festen Rippenstoß
damit ich an dich denke
nach deinem Willen frage
dich in mein Leben einbeziehe

Treibe mich an
damit ich
eigenverantwortlich handle
mein Leben in die Hand nehme
mich großmütig erweise
den Kopf nicht hängen lasse
Wehleidigkeit nicht pflege

Gib mir einen heftigen Stoß
wenn ich übertreibe
wenn ich alles besser weiß
oder stets Recht behalten will
wenn ich mich stur und trotzig verhalte
wenn ich mich in Gefahr bringe

Klopfe immer wieder besonders heftig bei mir an
wenn ich dich vergessen sollte

In Gott geborgen

Als der Pharisäer, der Jesus eingeladen hatte, das sah,
dachte er: Wenn er wirklich ein Prophet wäre,
müsste er wissen, was das für eine Frau ist,
von der er sich berühren lässt;
er wüsste, dass sie eine Sünderin ist.
LUKAS 7,39

Herr
Menschen lehnen uns ab
Dir ist jeder einzelne von uns wichtig

Menschen beurteilen uns hart
Du bist voller Güte und Barmherzigkeit

Menschen stoßen uns vor den Kopf
Du holst uns aus unseren Enttäuschungen heraus
und baust uns neu auf

Menschen entziehen uns ihre Liebe
Du öffnest uns dein Herz

Den Trost, den wir brauchen
den Beistand, den wir suchen
die Sicherheit, geliebt zu sein
die Gewissheit, Wert zu haben
das alles willst du uns schenken

Aus Gottes Kraft leben

Die Liebe Gottes wurde unter uns dadurch offenbar,
dass Gott seinen einzigen Sohn in die Welt gesandt hat,
damit wir durch ihn leben.
ERSTER JOHANNESBRIEF 4,9

Aus Gottes Kraft leben heißt

Zeiten der Stille und Geborgenheit
mit Gott verbringen

Der Zusage glauben
von ihm ohne Bedingungen und Abstriche geliebt
zu werden

Eintauchen in das Vertrauen
von Gott in allen Lebenslagen Schutz und Beistand
zu erfahren

Bei erlittenem Unrecht und in Enttäuschungen
sich durch ihn aufrichten lassen

Mühe und Arbeit
in seine Gnade und unter seinen Segen stellen

Bedenken und auskosten
wie wertvoll wir Gott sind

Vögel bauen ein Nest

Vor allem aber liebt einander,
denn die Liebe ist das Band,
das alles zusammenhält und vollkommen macht.
KOLOSSERBRIEF 3,14

Vögel
bauen sich
und ihren Jungen
als Erstes und vor allem
ein schönes warmes Nest

Herr,
lass unser Zuhause
nicht einem gefüllten Kühlschrank gleichen –
das Haus gefüllt mit allem, was die Erde bietet
im Übrigen aber kalt und ohne Wärme

Ratlos und in Sorge

Er zog in ganz Galiläa umher,
lehrte in den Synagogen,
verkündete das Evangelium vom Reich Gottes
und heilte im Volk alle Krankheiten und Leiden.
Und sein Ruf verbreitete sich in ganz Syrien.
MATTHÄUS 4,23–24A

Herr des Erbarmens, Jesus Christus,
in großer Sorge
hilflos und ohnmächtig
stehen wir einer schweren Krankheit gegenüber

In unserer Not kommen wir zu dir
und bitten dich, den Heiland vieler Kranken

Schenke unserem Bruder / unserer Schwester
die Gesundheit des Körpers zurück
und gib Kraft seiner / ihrer Seele
damit das Vertrauen in dich stark bleibe
die Hoffnung nicht schwinde
Niedergeschlagenheit sich nicht lähmend ausbreite

Überrasche uns, so bitten wir,
mit deiner Wunderkraft des Heilens

Weil du auf mich wartest

Kehrt um zu ihm, Israels Söhne,
zu ihm, von dem ihr euch so weit entfernt habt.
JESAJA 31,6

Herr
du wartest auf mich
obwohl ich deine Nähe oft gar nicht suche

Du wartest auf mich
auch wenn ich noch zögere
den Weg zu dir geradlinig einzuschlagen

Du wartest auf mich
selbst wenn ich in die entgegengesetzte Richtung gehe

Welch ein Glück für mich
zu wissen
dass du auf mich wartest

Es macht mir die Umkehr zu dir
um vieles leichter

Am Ende meiner Kräfte

Gib mir dein Herz, mein Sohn,
deine Augen mögen an meinen Wegen Gefallen finden.
SPRICHWÖRTER 23,26

Deine Wege, Herr,
sind wahrhaft gute Wege
und Pfade des Heils

Wenn ich einmal nichts mehr vermag
für die Arbeit zu schwach geworden bin
Wege nicht mehr bewältigen kann
zum Gebet mir die durchhaltende Kraft fehlt
mir beim Lobpreis die Melodie entgleitet oder die
Stimme versagt

wenn mir nur noch die Gedanken bleiben
und auch diese nur noch eingeschränkt
will ich, Herr, als letzten sehr bewussten Schritt
mich dir neu weihen
wie so oft in meinem Leben

um dir ausdrücklich als letzten Akt im Leben
mein Herz zu übergeben
damit es für immer dir gehört
und du mich geleitest auf den Pfad zur Ewigkeit

Der Weg durch die Stille

Meine Seele, warum bist du betrübt
und bist so unruhig in mir?
Harre auf Gott; denn ich werde ihm noch danken,
meinem Gott und Retter, auf den ich schaue.
PSALM 42,6

Innehalten
loslassen
Abstand gewinnen
von Gedanken, Eindrücken, Bildern, Gefühlen
von Unruhe, Hast, Geschäftigkeit –
ankommen bei mir selbst

Ganz
bei mir ankommen
ehrlich, offen und aufrichtig

ankommen bei dem
    was ich an mir mag
    was mich mit Staunen erfüllt
    was mich jubeln lässt
ankommen aber auch bei dem
    was mich erschreckt
    was ich nicht an mir wahrhaben will
    was mich beschämt

Wenn ich still und ehrlich werde
spüre ich
wie mich jemand an die Hand nehmen will

Er durchbricht die Stille nicht
Er ist da, sehr nah –

gewährt mir Zeit
Freude und Trauer über mich selbst
zu durchleben –

bis ich innerlich auch bei ihm ankomme
dem Nahen
dem Gütigen und Aufrichtenden
dem alles Verwundete Heilenden –
meinem Gott und Retter

Bei ihm beginne ich aufzuatmen
Beklemmungen lösen sich
Meine Trauer und Enttäuschung über mich
darf ich in seine Güte und Barmherzigkeit legen
Da kommt die Stille in Bewegung
spendet Licht und Kraft
richtet auf
drängt zu Aufbruch und zur Tat

Der Weg in die Stille
muss ankommen bei unserem Gott und Retter
Dann wird Stille lebendig,
wird sie Leben –
Leben mit Vertrauen und in Zuversicht

Manchmal stirbt etwas in uns

Als Marta hörte, dass Jesus komme,
ging sie ihm entgegen, Maria aber blieb im Haus.
Marta sagte zu Jesus:
Wärest du hier gewesen,
dann wäre mein Bruder (Lazarus) nicht gestorben.
Aber auch jetzt weiß ich: Alles, worum du Gott bittest,
wird Gott dir geben.
Jesus sagte zu ihr: Dein Bruder wird auferstehen.
JOHANNES 11,20–23

Manchmal stirbt etwas in uns
Freude, Zufriedenheit
Großzügigkeit, Wohlwollen
Vertrauen, Mut, Ausdauer …

Obwohl Lazarus schon vier Tage im Grab lag
wandte sich Marta an Jesus –
Und es geschah das Wunder der Neubelebung

Auch in uns kann sich
vor längerer Zeit Gestorbenes
vom Tode zu neuem Leben erheben
wenn wir den Herrn inständig bitten
dem Abgestorbenen in uns
wieder Lebendigkeit zu verleihen

Das Glück in unseren Händen

In seiner Macht kann Gott
alle Gaben über euch ausschütten,
so dass euch allezeit in allem
alles Nötige ausreichend zur Verfügung steht
und ihr noch genug habt, um allen Gutes zu tun.
ZWEITER KORINTHERBRIEF 9,8

Glück schenkt sich uns oft unerwartet
Unangemeldet ist es da
und überrascht uns in seiner Großzügigkeit

Es legt seine Wohltaten
in unser Herz und in unsere Hände
damit wir selbst beglückt
stets auch ein kostbares Geschenk
für andere zur Hand haben
indem wir unser Glück mit ihnen teilen
und selbst zum Glücksbringer werden

Als Geschenk des Himmels
ist Glück nicht ein einmaliger Glücksfall
Als über uns ausgeschüttete Gabe Gottes
wird es uns beizeiten neu überraschen
und uns in der Gewissheit stärken
von unsichtbarer Kraft getragen zu sein

Mietfrei wohnen wir in dieser Welt

Gott, der Herr, nahm also den Menschen
und setzte ihn in den Garten von Eden,
damit er ihn bebaue und hüte.
GENESIS 2,15

Wir bewohnen
diese wunderschöne Welt
umsonst –
ohne dem Schöpfer
dafür Miete zu zahlen

Darum ist es wahrlich nicht zu viel verlangt
wenn wir für die Reparaturen
unserer gedankenlosen oder mutwilligen
Beschädigungen an dieser Welt
selbst aufkommen müssen –
im Großen wie im Kleinen

Und auch ein „Danke schön!"
an den Schöpfer
stände uns gut an

Erfahrungen mit Gott

Ich will dich rühmen, mein Gott und König,
und deinen Namen preisen immer und ewig.
Ich will dich preisen Tag für Tag
und deinen Namen loben immer und ewig.
Groß ist der Herr und hoch zu loben,
seine Größe ist unerforschlich.
PSALM 145,1–3

Mit dir, mein Gott, habe ich gewagt,
was ich ohne dich nie riskiert hätte

Mit dir ist mir gelungen,
was ich allein niemals zustande gebracht hätte

Mit dir kämpfte ich weiter,
wo ich – nur auf mich gestellt –
längst aufgegeben hätte

Mit dir habe ich mich eingesetzt,
auch wenn der Erfolg nicht garantiert war

Mit dir überwand ich
Enttäuschungen, Niederlagen, Verkennung,
zugefügtes Unrecht

Mit dir wurden mir jene Ziele wichtig,
die Leben gelingen lassen und mit Sinn erfüllen

Mit dir, mein Gott,
wuchs und wachse ich immer wieder
über mich selbst hinaus

In Freude über Gott

Ihr Gerechten, jubelt dem Herrn;
für die Frommen ziemt es sich, Gott zu loben.
PSALM 33,1

In der Vollkraft meiner Jahre, Herr,
will ich dich loben und preisen –
nicht erst
wenn der Tod naht und mich zeichnet

Im Vollbesitz meiner Gesundheit
will ich dich loben und preisen –
nicht erst
wenn Krankheit mir zeigt
wie viel ich dir verdanke

Auf der Höhe meiner Erfolge und meines Ansehens
will ich dich loben und dir unter Jubel danken
weil du die Kraft bist
aus der ich wirke und lebe

Gott,
du mein Schöpfer und Lebensquell
im Mittelpunkt meines Lebens sollst du stehen
und nicht in seinem Schatten

Sich und Gott feiern

Ihr Gerechten, jubelt vor dem Herrn;
für die Frommen ziemt es sich, Gott zu loben.
Preist den Herrn mit der Zither,
spielt für ihn auf der zehnsaitigen Harfe!
Singt ihm ein neues Lied,
greift voll in die Saiten und jubelt laut!
PSALM 33,1–3

Ein Mensch
der nur arbeitet
und nicht auch feiert
lebt am Leben vorbei

Ein Christ
der ständig gute Werke verrichtet
aber sich und Gott
nicht auch feiert
bereitet Gott
eher Sorgen als große Freude

Sich dem Leben stellen

Kinder sind Verwandlungskünstler

Euer Leben sei frei von Habgier;
seid zufrieden mit dem, was ihr habt;
denn Gott hat versprochen:
Ich lasse dich nicht fallen und verlasse dich nicht.
HEBRÄERBRIEF 13,5

Kinder
können auf einem Besen reiten
einen Stein als Schatz aufbewahren
aus ein paar Laken ein Schloss für sich bauen
eine Wasserlache als Meer für ihr Schiffchen nutzen

Kinder sind Verwandlungskünstler
die den Alltag und die Realität verzaubern können

Ihr Spiel ist keine Spielerei
die die Wirklichkeit außen vor lässt

Aus ihrer inneren Kraft
gestalten sie ihren Lebensraum
mit allem Ernst
in großer Hingabe
phantasievoll
und schaffen sich
aus Wenigem
eine wunderbare Welt
in der sie glücklich und zufrieden leben

Den Tag beginnen

Jauchzt vor dem Herrn alle Länder der Erde!
Dient dem Herrn mit Freude!
Kommt vor sein Angesicht mit Jubel!
PSALM 100,1–2

Als ich erwachte,
saß vor meinem Fenster
auf einem Zweig im Apfelbaum
ein Vogel
und sang vergnügt ein Lied

Vögeln kommt es nicht in den Sinn,
mit Stöhnen oder einem Seufzer
den Tag zu eröffnen

Sie beginnen jeden Morgen
mit einem Lied

Auch Eifer krönt einen Tag

Wir hören aber,
dass einige von euch ein unordentliches Leben führen
und alles Mögliche treiben, nur nicht arbeiten.
ZWEITER THESSALONICHERBRIEF 3,11

Wenn wir voller Tatendrang
am Morgen beschließen
heute etwas ganz Großes zu leisten –

sich bis zum Mittag
aber nichts Großes und Bedeutendes
eingestellt hat –

krönen wir den Tag auch damit
dass wir uns weiterhin mit Eifer
während der restlichen Stunden des Tages
den kleinen Dingen zuwenden

Nicht nur große Taten –
auch Eifer, Mühe und Fleiß im Alltäglichen
krönen einen Tag

Nicht ausweichen

Bemühe dich darum,
dich vor Gott zu bewähren als ein Arbeiter,
der sich nicht zu schämen braucht.
ZWEITER TIMOTHEUSBRIEF 2,15A

Menschen
beurteilen und begutachten vor allem
unsere Arbeit
unsere Fähigkeiten
unseren Einsatz
unsere Leistung
unser Verhalten

Gott
interessiert mehr unsere Gesinnung
aus der heraus wir leben und handeln

Beide Beurteilungen
haben ihre Berechtigung und ihren Wert
Beide sollten wir daher auch in Betracht ziehen
und keiner von beiden ausweichen
oder sie gering achten
wenn wir über uns nachdenken
oder mit einem neuen Werk beginnen

Heilsame Schmerzen

Saulus wütete immer noch mit Drohung und Mord
gegen die Jünger des Herrn.
Unterwegs aber, als er sich bereits Damaskus näherte,
geschah es, dass ihn plötzlich ein Licht umstrahlte.
Er stürzte zu Boden und hörte,
wie eine Stimme zu ihm sagte:
Saul, Saul, warum verfolgst du mich?
APOSTELGESCHICHTE 9,1.3–4

Manchmal müssen wir erst
mit unserer Weisheit am Ende sein oder scheitern
um uns zu besinnen

Manchmal müssen wir uns erst verrennen
um neu zu beginnen und gute Wege einzuschlagen

Manchmal müssen wir erst
in den Schatten gestellt werden
um unser Handeln im Licht zu besehen

Manchmal müssen wir erst
über uns selbst erschrecken
um das Gute und Wertvolle in uns
ins Auge zu fassen

Nichts ist selbstverständlich

Lasst nicht nach im Beten;
seid dabei wachsam und dankbar.
KOLOSSERBRIEF 4,2

Nichts ist selbstverständlich
weder Glück noch Erfolg
kein Tag und kein Lebensjahr
geliebt zu werden oder Hilfe zu erhalten
Talente zu besitzen und zwei gesunde Hände
satt zu werden und ein schönes Zuhause zu haben

Alles Wertvolle des Lebens ist Geschenk
Es dankbar zu empfangen heißt leben

Empfangenes
nur zu konsumieren und zu gebrauchen
bedeutet Leben ausbleichen und verschleißen

Auch Nicht-Ideales ist kostbar

Lasst uns aufeinander achten
und uns zur Liebe und zu guten Taten anspornen.
HEBRÄERBRIEF 10,24

Wenn es auch keine ideale Liebe gibt
so finden sich dennoch zahllos wunderbare Varianten
Liebe zu leben

Es gibt auch nicht das ideale Leben
aber viele Möglichkeiten
Leben mit Sinn zu füllen
und es ideenreich zu gestalten

Es gibt keinen idealen Menschen
aber viele Wege
im Mensch-Sein zu wachsen und zu reifen
und ein liebenswertes Geschöpf aus sich zu machen

Es gibt zwar nichts absolut Vollkommenes
oder Ideales
aber viel Schönes, Wertvolles und Kostbares
das anzustreben und zu leben sich lohnt

Die Steigerung von Lüge

Ich habe keine größere Freude,
als zu hören,
dass meine Kinder in der Wahrheit leben.
DRITTER JOHANNESBRIEF 4

Halbwahrheiten
oder dunkle Vermutungen
die wir über andere verbreiten

schaden diesen mehr
als offensichtliche Lügen

Die Steigerung von Lüge
heißt in der Praxis –
nur die halbe Wahrheit sagen
oder vage Vermutungen
in Umlauf bringen

Trotz Dornen werden Rosen bewundert

Seid demütig, friedfertig und geduldig,
ertragt einander in Liebe,
und bemüht euch, die Einheit des Geistes zu wahren
durch den Frieden, der euch zusammenhält.
EPHESERBRIEF 4,2–3

Niemand tadelt eine Rose dafür
dass sie auch Dornen hat –
und Dornen weit mehr als Blüten

Bei allen Schwächen, die wir haben
und die wir nicht beseitigen können
sollten wir die starke Seite an uns hervorheben
und zum Blühen bringen

Das ist die Art der Rosen
deren Dornen wir sehen und spüren
aber dennoch leicht ertragen

Unsere Stärken zum Blühen bringen
lässt andere unsere Schwächen leichter ertragen
und macht uns für viele sogar liebenswert

Heilige leben mitten unter uns

An den Heiligen im Lande, den Herrlichen,
an ihnen nur hab' ich Gefallen.
PSALM 16,3

Heilige waren Menschen wie du und ich.
Sie hatten ihre Fehler und Schwächen.
Dies hat sie jedoch nicht resignieren lassen,
sondern ermutigt,
ihre Beziehung zu Gott enger zu gestalten
und ihr Handeln umso mehr
in die Gnade Gottes zu halten.
So wurden sie liebenswerte
und vor allem barmherzige Menschen.

Die barmherzigen und liebenden Menschen
unserer Tage sind die „lebenden Heiligen"
mitten unter uns.
Sie schaffen ein Klima der Wärme und Herzlichkeit,
mit dem sie Gemeinschaft und Reich Gottes aufbauen.
Trotz ihrer Fehler und Schwächen sind sie,
die Barmherzigen, im Besonderen Botschafter Jesu.
Denn dieser wurde und wird
von den Menschen aller Zeiten
gerade deswegen geliebt,
weil er ausnahmslos barmherzig war
und es stets von neuem ist.

Unserem Wirken Gewicht geben

Meine Frucht ist besser als Gold und Feingold,
mein Nutzen übertrifft wertvolles Silber.
SPRICHWÖRTER 8,19

Wir können
mit Masse und Menge
fehlende Qualität an unserem Tun und Wirken
nicht ausgleichen oder ersetzen

Der Qualität den Vorrang einräumen
ist die richtige Entscheidung

Denn unsere Früchte und Taten
werden nicht nur gezählt –

sie werden auch gewogen

Lust auf Leben

Freu dich innig am Herrn!
Dann gibt er dir, was dein Herz begehrt.
Befiehl dem Herrn deinen Weg und vertrau ihm;
er wird es fügen.
PSALM 37,4–5

Herr,
schenke mir Lust auf Leben
Freude an Herausforderungen
Tatendrang

Wecke in mir Begeisterung
begeistert will ich mein Leben formen und gestalten
meine Talente ausspielen
und wagen, was noch offen ist

Fülle mein Herz mit Leidenschaft
leidenschaftlich will ich dir und den Menschen dienen
mich dem Guten verschreiben
Frieden und Versöhnung suchen

Herr,
schenke mir Lust auf ein Leben in Lebendigkeit
Lust auf Vielfalt und Fülle
Lust auf Streben nach allem Heilsamen und Guten
Lust auf ein Leben aus dir

Gott begegnet uns sanft

Ich stehe vor der Tür und klopfe an.
Wer meine Stimme hört und öffnet,
bei dem werde ich eintreten,
und wir werden Mahl halten,
ich mit ihm und er mit mir.
OFFENBARUNG 3,20

Gott begegnet uns sanft
Er klopft bei uns an und überfällt uns nicht
Mit Geduld wartet er,
bis wir bereit und aufmerksam für ihn sind

Seine Worte an uns kommen aus dem Herzen,
nicht von oben herab
Seine Bitten sind keine Befehle
Seine Mahnungen enthalten
keinen verurteilenden Tadel

Von Wohlwollen und Gunst sprechen seine Augen
Seine Gesten sind Zeichen der Freundschaft

Er unterlässt es,
uns zu etwas überreden zu wollen oder zu drohen
In völliger Freiheit
dürfen wir unsere Entscheidungen treffen
Sein Abschiedswort
enthält die Zusage von Nähe und Verbundenheit

Gott steht oft an unserer Tür
Er klopft an, wartet aber ab,
ob er uns willkommen ist

Preise geben keine Auskünfte über die Qualität

Deshalb suchen wir unsere Ehre darin,
ihm (Christus) zu gefallen.
ZWEITER KORINTHERBRIEF 5,9A UND B

Der Preis
gibt
noch lange keine sichere
Auskunft
über die Qualität
oder den Wert eines Produkts

Abgewandelt
gilt das Gleiche für ein Lob
das wir erhalten

Darum sollten wir uns zwar
über jedes Lob freuen
aber dennoch überprüfen
ob unsere Taten
nicht nur dem Lobenden gefallen
sondern in gleicher Weise
auch vor den anderen und vor Gott
bestehen können

Achte dein gegenwärtiges Glück nicht gering

Mein Sohn,
prüfe dich in deiner Lebensweise,
beobachte, was dir schlecht bekommt,
und meide es.
JESUS SIRACH 37,27

Nicht alles ist erstrebenswert
was du erreichen kannst

Vergewissere dich
ob das neue Ziel
das du anstrebst und verfolgst
dich auch wirklich glücklicher macht

Achte dein gegenwärtiges kleines Glück nicht gering
und renn ihm nicht unbedacht davon

Nimm es lieber als treuen Weggefährten
mit auf deine Reise
damit du unterwegs nicht einsam wirst

Nimm es mit zum neuen Ziel
falls sich deine Erwartungen nicht erfüllen

Eine Quelle speichert nicht

Gott, wie köstlich ist deine Huld!
Die Menschen bergen sich im Schatten deiner Flügel,
sie laben sich am Reichtum deines Hauses;
du tränkst sie mit dem Strom deiner Wonne.
Denn bei dir ist die Quelle des Lebens.
PSALM 36,8–10A

Niemand hat jemals erlebt
dass eine Quelle ihr Wasser speichert
um es für sich zu behalten
damit ihr Reichtum sich mehre

Eine Quelle speichert nicht
wählt nicht aus
für wen sie sprudelt
Umsonst hat sie empfangen
umsonst gibt sie weiter
Jeder ist eingeladen
sich an ihr zu laben

Unsere innere Quelle sprudeln lassen
und sich ohne Einschränkung an andere verschenken
macht uns zu einem „Strom der Wonne"
zu einer Quelle des Lebens

Wer seinen Überfluss nicht teilt
macht sich selbst bald überflüssig

Geduld fehlt mir

Der Gott der Geduld und des Trostes
schenke euch Einmütigkeit,
die Christus Jesus entspricht.
RÖMERBRIEF 15,5

Deine Geduld
Gott
möchte ich haben

Nur ein wenig davon
würde mich um vieles fähiger machen
gerechter, behutsamer, liebevoller
mit Menschen umzugehen

vor allem mit meinen Allernächsten
und mit mir selbst

Deine Geduld
Gott
möchte ich haben

Gott baut auf uns

Er (Jesus) antwortete den beiden (Anhängern
des Täufers): Geht und berichtet Johannes, was
ihr gesehen und gehört habt: Blinde sehen wieder,
Lahme gehen, und Aussätzige werden rein; Taube
hören, Tote stehen auf, und den Armen wird das
Evangelium verkündet.

LUKAS 7,22

Gott weiß
    was Blinde suchen
    was Stumme erbitten möchten
    was Taube zu hören wünschen
    was Gelähmte aufrichtet
    was Trauernde tröstet
    was Gefangene und Gefesselte befreit
    was Tote zum Leben erweckt

Darum sandte er seinen Sohn
    uns Blinden die Augen zu öffnen
    unserer Stummheit Sprache zu verleihen
    uns Tauben feines Gehör zu schenken
    uns Gelähmte in Bewegung zu setzen
    unserer Trauer die Beklemmung zu nehmen
    uns Befangene oder Verstrickte den Weg
    in die Freiheit zu weisen
    uns aus dem Tod ins Leben zu führen

Gott vertraut darauf
dass wir als Befreite und Erlöste
uns gesandt wissen
und das Werk seines Sohnes freudig fortsetzen

Schätze für die Ewigkeit

Verschafft euch einen Schatz,
der nicht abnimmt droben im Himmel.
LUKAS 12,33B

Alle Liebe
die von mir ausging
Alle Freude
die ich bereiten konnte
Jede Mühe
die ich bewusst und gern auf mich nahm

erfüllen mich mit großer Freude
sooft ich nur an sie denke
Sie machen mich glücklich und reich

Diese Reichtümer
muss ich im Sterben nicht zurücklassen
Ich nehme sie als kostbaren Schatz
mit ins ewige Leben

Schon ein bisschen bewirkt sehr viel

Ich erinnere euch an das Evangelium,
das ich euch verkündet habe.
Ihr habt es angenommen;
es ist der Grund, auf dem ihr steht.
ERSTER KORINTHERBRIEF 15,1

Ein bisschen Wärme
    und das Eis beginnt zu schmelzen

Ein bisschen Wohlwollen
    und die frostige Stimmung schlägt um

Ein bisschen Großzügigkeit
    und der Umgang miteinander wird locker

Ein bisschen Feingefühl
    und niemand wird gekränkt

Ein bisschen Vertrauen
    und gleich kommt man sich näher

Ein bisschen Hoffnung
    und schon geht es weiter

Ein bisschen Mut
    und der Anfang ist gemacht

Schon ein bisschen Verwirklichung des Evangeliums
    bewirkt sehr viel

Wenn Gott deine Mitte ist

Lasst nicht nach in eurem Eifer,
lasst euch vom Geist entflammen
und dient dem Herrn.
RÖMERBRIEF 12,11

Wenn Gott deine Mitte ist
    lass deine Gedanken Kreise ziehen
    deine Phantasie Blüten treiben
    deine Wünsche sich mehren
    dein Begehren wachsen

Wenn Gott deine Mitte ist
    sprenge alle Grenzen
    geh aufs Ganze, riskiere, wage, sei kühn
    lass deinen Kräften freien Lauf
    durchbrich die Tabus
    verändere, erneuere, sei ohne Furcht

    Alles, was du planst, denkst oder tust
    wird der Welt und den Menschen dienen
wenn Gott deine Mitte ist

Wenn der Stachel im Fleisch fehlt

Was immer wahrhaft, edel, recht,
was lauter, liebenswert, ansprechend ist,
was Tugend heißt und lobenswert ist,
darauf seid bedacht!
PHILIPPERBRIEF 4,8

Dass wir in unseren Schwächen
immer wieder neu
einen Fehler begehen,
ist nicht das eigentliche Problem.
Wer würde das nicht verstehen und entschuldigen!

Bedenklich wird unser Verhalten jedoch dann,
wenn uns unsere Schwächen kaltlassen,
wenn sie kein Stachel mehr in unserem Fleisch sind
und uns in unserer Selbstzufriedenheit
nicht mehr sonderlich stören.

Sei ein Gentleman

*Jesus sagte: Ein Geldverleiher hatte zwei Schuldner;
der eine war ihm fünfhundert Denare schuldig, der
andere fünfzig. Als sie ihre Schulden nicht bezahlen
konnten, erließ er sie beiden. Wer von ihnen wird
ihn nun mehr lieben? Simon antwortete: Ich nehme
an, der, dem er mehr erlassen hat.*

LUKAS 7,41–43A

Niemand
kann dir die Schätze deines Herzens rauben
Du kannst sie alle offen zeigen
dein Mitgefühl und dein Verständnis
deinen Großmut und deine Rücksicht
deine Freundlichkeit und dein Wohlwollen
alles, was dein Herz ziert und schmückt

Sei ein Gentleman
Verschenke großzügig und freigebig
von den Schätzen deines Herzens
Du wirst dadurch nicht ärmer

Sei ein Reicher
den man liebt und schätzt
weil du nicht kleinlich schenkst und gibst

und bring dich nicht in den ärmlichen Ruf
man müsse dich immer erst anbetteln
bevor du dich großmütig zeigst

Lehre mich

Lehre mich deinen Willen zu tun;
denn du bist mein Gott.
Dein guter Geist leite mich auf ebenem Pfad.
PSALM 143,10

Deinen Willen, Herr,
möchte ich zu meinem Willen machen

Deine Liebe spiegele sich wider
in meiner Liebe

Deine Barmherzigkeit und Güte
weite das Maß meines Erbarmens

Deine innige Beziehung zum Vater im Himmel
festige mein Gottvertrauen

Deine Sorge um das Wohl der Menschen
stärke meine Bereitschaft, ihnen zu dienen

Deine Weisungen für das Leben
sollen mein Denken und Handeln bestimmen

Herr,
dein Geist leite mich
damit ich gehe auf deinen Pfaden

Dankbar anstatt neidisch

Komm zur Ruhe, mein Herz!
Denn der Herr hat dir Gutes getan.
PSALM 116,7

Herr,
ich will die nicht beneiden,
die vom Glück mehr begünstigt sind als ich,
denen die Türen nach oben offener stehen als mir,
die vom Leben eher verwöhnt als geprüft werden.

Ich will nicht länger hadern mit meinem Geschick
und aufhören, mich mit anderen zu vergleichen.

„Komm zur Ruhe!",
will ich meinem Herzen sagen.
Es sind der Wohltaten viele,
die ich unverdient und großzügig erhalten habe.
Sei dankbar, mein Herz,
und in keiner Weise neidisch.

Was Kirche und Gemeinden brauchen

Daraufhin zogen sich viele Jünger zurück
und wanderten nicht mehr mit ihm umher.
Da fragte Jesus die Zwölf: Wollt auch ihr gehen?
JOHANNES 6,66–67

Damit Gemeinschaften und Gemeinden leben können
brauchen sie Menschen

die bleiben
obwohl nicht wenige dabei sind zu gehen

die anfangen
obwohl viele noch zögern

die vertrauen
obwohl die äußeren Zeichen
die zur Hoffnung berechtigen
klein und gering erscheinen

die teilen
obwohl das Vorhandene keinen Überfluss darstellt

die nicht aufgeben
obwohl sich vieles schwierig gestaltet

die vergeben
auch wenn es schwerfällt und Kraft kostet

Reden und Tun sind oft zweierlei

Wenn wir aus dem Geist leben,
dann wollen wir dem Geist auch folgen.
GALATERBRIEF 5,25

Liebenswürdigkeit
Demut
Großzügigkeit
Rücksicht
Hilfsbereitschaft
Dankbarkeit
Treue
Redlichkeit
Nächstenliebe
Zuverlässigkeit

werden öfter beschworen
als gelebt

Sich begegnen
und beschenken

Gleich und dennoch verschieden

Alle Menschen sind aus Lehm geformt,
aus Staub ist der Mensch gemacht.
Die Weisheit des Herrn hat sie unterschieden
und ihre Wege verschieden festgelegt.
JESUS SIRACH 33,10–11

Bei aller Gleichheit
die wir Menschen in großem Maße besitzen
lebt dennoch jeder von uns
in seiner eigenen Welt –

im Reich eigener Gedanken, Gefühle, Empfindungen
in persönlichen Vorstellungen
von Lebenssinn oder Glück
in verschiedenen Ansichten
über gut, böse, verwerflich

Um den anderen verstehen zu können
bedarf es einer Expedition
in seine Welt

Von solchen Forschungsreisen
kehren wir ohne Ausnahme bereichert zurück
und oft als gute Freunde

Hilfe wäre angebracht

Ich wandte mich nach allen Seiten
und fand keinen Helfer,
ich spähte nach einem Beistand,
doch keiner war da.
JESUS SIRACH 51,7

In Situationen
wo dein Zupacken und dein Helfen
gebraucht wird und angebracht wäre

biete niemandem nur
einen klugen Rat von dir an
und sei dieser Rat noch so gut

Ein noch so kluger Rat
zur falschen Zeit
hilft niemandem
aus seiner augenblicklichen Verlegenheit

Mein Haus sei dir ein Ort der Geborgenheit

Ihr habt auf meine Schwäche, die für euch eine
Versuchung war,
nicht mit Verachtung und Abscheu geantwortet,
sondern mich wie einen Engel Gottes aufgenommen,
wie Christus Jesus.
GALATERBRIEF 4,14

Gelingen möge mir, o Herr,
dass jeder, der mein Haus betritt,
sich eingeladen fühlt und angenommen weiß.

Offen sei mein Herz für das,
was meinen Besucher zu mir führt.
Seine Freude und sein Glück
will ich voller Anteilnahme mit ihm teilen.
Umsicht und Weitsicht mögen mich leiten,
wenn er einen Rat von mir erbittet.
Sollten Leid und Kummer ihn bedrücken,
lass mich Worte des Trostes und der Hoffnung
für ihn finden.

Und geht er wieder –
erleichtert oder weiterhin in Sorge,
weil Hilfe bei mir nicht zu finden war –,
so gehe mit ihm wenigstens die frohe Erinnerung,
Geborgenheit erfahren zu haben.

Geben und Empfangen
zu einem Akt der Verbundenheit gestalten

Verweigere die Gabe dem Bedürftigen nicht,
und missachte nicht die Bitte des Geringen.
JESUS SIRACH 4,3–4

Ist es nicht eine wunderbare Geste
dass wir beim Geben wie beim Empfangen
uns im Ansatz
die Arme und Hände so entgegenstrecken
wie bei einer Umarmung

Geben und Empfangen
nach außen und nach innen
zu einer Umarmung gestalten –

schöner können wir die Achtung voreinander
im Geben und Empfangen
nicht ausdrücken und gestalten

Euer Ja sei ein Ja

Euer Ja sei ein Ja, euer Nein ein Nein;
alles andere stammt vom Bösen.
MATTHÄUS 5,37

Wenn du Ja sagen kannst
überleg nicht lange
Tu es

Wenn du Nein sagen musst
überleg wie du es sagst
Aber sag deutlich Nein

Wenn noch nicht klar ist
ob du Ja sagen kannst
oder Nein sagen musst
überleg sehr genau

Aber sag dein Ja als ein Ja
und dein Nein als ein Nein

Die Absicht entscheidet

Er richtet nicht nach dem Augenschein,
und nicht nur nach dem Hörensagen
entscheidet er.
JESAJA 11,3

Sprich niemals jemanden schuldig
aufgrund seiner Taten
solange nicht geklärt ist
mit welcher Absicht er gehandelt hat

Über Schuld oder Unschuld
über gut oder verwerflich
entscheiden nicht die sichtbaren Taten
sondern das Motiv und die Absicht
aus denen heraus gehandelt wurde

Lobe auch nicht vorschnell oder unbedacht
noch bevor du überprüft hast
ob die mit dem Handeln verbundenen Absichten
Wertschätzung und Anerkennung verdienen
weil sie frei waren von Eigennutz

Lobe oder tadele nie
nach dem ersten Eindruck oder nach Augenschein
Ergründe stets zuvor
das dahinterliegende Motiv und die Absicht

Folgen einer Wertschätzung

Freundliche Worte
sind wie Wabenhonig.
SPRICHWÖRTER 16,24A

Auf dem Weg zur Arbeit
bewunderte ich jeden Morgen
über einen schulterhohen Zaun hinweg
einen Vorgarten,
der mit viel Hingabe und Liebe
angelegt war

Als ich einmal auf den Besitzer traf
und ihm erzählte,
wie viel Freude ich
an seinem Garten hätte,
stutzte er die Hecke beim nächsten Schnitt
auf Sichthöhe

Soll ich glauben,
dass dies ganz zufällig geschah?

Freundliche und herzliche Worte
klingen lange nach
und haben ein Echo über Jahre hinweg

Ansehen schenken

Als Jesus an die Stelle kam, schaute er hinauf und
sagte zu ihm: Zachäus, komm schnell herunter!
Denn ich muss heute in deinem Haus zu Gast sein.
Da stieg er schnell herunter und nahm Jesus freudig
bei sich auf. Als die Leute das sahen, empörten sie
sich und sagten: Er ist bei einem Sünder eingekehrt.
LUKAS 19,5–7

Beachtet werden
in den Blick kommen
angesehen werden

bedeutet

Ansehen geschenkt bekommen
geachtet und geschätzt werden
Wert erhalten

Ich wünsche mir
angesehen zu werden
aber auch
dass man mir ansieht
dass mein Blick aus dem Herzen kommt
und von Wertschätzung gegenüber jedem Menschen
bestimmt ist

Demut macht liebenswert

Macht meine Freude dadurch vollkommen,
dass ihr eines Sinnes seid,
einander in Liebe verbunden,
einmütig und einträchtig,
dass ihr nichts aus Ehrgeiz
und nichts aus Prahlsucht tut.
Sondern in Demut schätze einer den anderen
höher als sich selbst.
Jeder achte nicht nur auf sein eigenes Wohl,
sondern auch auf das des anderen.
PHILIPPERBRIEF 2,2–4

Manchmal sind wir tatsächlich
wendiger, gescheiter und klüger als andere

Aber nirgendwo
handeln wir liebenswerter als dort
wo wir unsere Überlegenheit
nicht herausstreichen

sondern Fehler und Schwächen der anderen
in Stille ausbügeln
und sie so vor verletzender Kritik
oder einer Blamage bewahren

Die weinenden Frauen

Es folgte eine große Menschenmenge,
darunter die Frauen,
die um ihn (Jesus) klagten und weinten.
LUKAS 23,27

Die weinenden Frauen
Menschen mit Herz
ohnmächtig gegenüber der Gewalt
sie nehmen Anteil am Leid
ändern können sie nichts
aber sie sind zur Stelle
stehen zur Seite

Mensch-Sein mit Herz
trotz Ohnmacht nicht fernbleiben
sich im Herzen mit Leidenden verbinden
zur Stelle sein –
auch ohne die Situation ändern zu können

Mensch sein in Ohnmacht und Trauer
das sind die Starken und Treuen am Rande
die den Leidenden Kraft schenken
ihren Weg zu gehen

Wenn alles offenbar wird

Denn nichts ist verhüllt, was nicht enthüllt wird,
und nichts ist verborgen, was nicht bekannt wird.
MATTHÄUS 10,26B

An jenem Tag,
wenn alles Verborgene enthüllt und offenbar wird,

werden die Hungrigen nach Wahrheit
vor allen bekennen:
Der Herr war unser Licht und unsere Speise.

Die um ihres Glaubens willen Verfolgten
werden bekunden:
Der Herr war unsere Zuflucht.

Die sich verirrt hatten, werden sagen:
Er holte uns liebevoll zurück
und zeigte uns den rechten Weg.

Die in Armut lebten, werden bezeugen:
Wir waren reich durch seine Gnade.

Die Verstorbenen werden sagen:
Er schenkte uns ewiges Leben.

An jenem Tag,
wenn alles offenbar wird,
werde auch ich bezeugen:
Der Herr war mit mir.

Umkehr sucht Wachstum

So trat Johannes der Täufer in der Wüste auf
und verkündete Umkehr und Taufe
zur Vergebung der Sünden.
MARKUS 1,4

Umkehren
ist mehr als nur
von etwas Bösem ablassen

Das Böse meiden
sich vor dem Bösen hüten
bleibt mehr noch im Bereich von
Abstand halten

Umkehr geht weiter und bedeutet
Wandel im Denken
Streben nach lauterem Sinn
Hinwendung zu gelebter tätiger Liebe
Aufbruch zum Ringen um Tugend

Umkehr sucht das Wachsen im Guten

Die noch größere Hilfe

Sei den Waisen wie ein Vater
und den Witwen wie ein Gatte!
Dann wird Gott dich seinen Sohn nennen.
JESUS SIRACH 4,10A-C

Wenn wir anderen helfen
tut ihnen dies
in jedem Einzelfall gut

Was jedem Menschen aber
eine noch viel größere Hilfe für sein Leben ist

ist die Gewissheit

dass er jederzeit
mit unserer Unterstützung rechnen darf
und auf unseren Beistand bauen kann

Enge Freunde

Für einen treuen Freund gibt es keinen Preis,
nichts wiegt seinen Wert auf.
Das Leben ist geborgen bei einem treuen Freund.
JESUS SIRACH 6,15–16A

Treue und enge Freunde
schenken sich bei aller Nähe zueinander
gegenseitig
Freiraum für eigenständiges Handeln
genügend Spielraum für unterschiedliche Entwicklung
freie Bahn für persönliche Belange

In diesem Ausmaß gewährter Freiheit
liegt gerade die Nähe zueinander
weil sie dem anderen
in wacher Aufmerksamkeit
und Wertschätzung schenkt
was dieser für sich braucht
um ganz er selbst zu werden und zu sein

Wache Aufmerksamkeit
und persönliche Wertschätzung
sind ein Zeichen für Treue
und schenken dem anderen Geborgenheit

Die Tragik des Kain

Hierauf sagte Kain zu seinem Bruder Abel:
Gehen wir aufs Feld!
Als sie auf dem Feld waren,
griff Kain seinen Bruder Abel an und erschlug ihn.
Da sprach der Herr zu Kain: Wo ist dein Bruder Abel?
Er entgegnete: Ich weiß es nicht.
Bin ich der Hüter meines Bruders?
GENESIS 4,8–9

Die Tragik des Kain
lag wohl auch darin,
dass er nur Abel allein zum Bruder hatte,
den er aus Neid nicht lieben konnte.

Wie ganz anders
hätte sich das Leben von Kain und Abel
entwickeln können,
wenn Kain in seiner Feindschaft zu Abel
noch einen anderen Menschen
an seiner Seite gehabt hätte
mit dem Bemühen,
ihn, Kain, in seinem Neid vor böser Tat zu bewahren.

Brüder und Schwestern als Hüter und Bewahrer
sind zu allen Zeiten gefragt.

Auf Fehler-Suche programmiert

Urteilt nicht nach dem Augenschein,
sondern gerecht!
JOHANNES 7,24

Wer immer nur darauf aus ist
um jeden Preis
Fehler bei andern zu entdecken –

findet mit Sicherheit
in seiner Verbissenheit
ohne Schwierigkeiten und Anstrengung
sogar welche bei Gott

Urteilen und bewerten

Der Pharisäer stellte sich hin
und sprach leise dieses Gebet:
Gott, ich danke dir, dass ich nicht
wie die anderen Menschen bin,
die Räuber, Betrüger, Ehebrecher
oder auch wie dieser Zöllner dort.
LUKAS 18,11

Solange wir
einem Menschen misstrauen
ihn gering schätzen oder verachten
sind wir unfähig
ein gerechtes Urteil
über diesen Menschen zu fällen

Daher tun wir gut daran
in dem gleichen Maß
mit dem wir jemandem misstrauen
und uns von ihm distanzieren
unserem Urteil Skepsis entgegenzubringen
und bei einer Bewertung
große Vorsicht und Zurückhaltung
walten zu lassen

Und Stumme sagen Danke

Über die Bruderliebe
brauche ich euch nicht zu schreiben;
Gott selbst hat sie euch schon gelehrt,
einander zu lieben;
und danach handelt ihr auch
an allen Brüdern in ganz Mazedonien.
Wir ermuntern euch aber,
darin noch vollkommener zu werden.
ERSTER THESSALONICHERBRIEF 4,9–10

Der Erweis
von Liebe und Herzlichkeit
vermag das Wunder zu bewirken

dass selbst Taube
    Musik vernehmen und hören

Blinde
    mit Helligkeit und Licht erfüllt werden

Gelähmte
    in Bewegung geraten

und Stumme
    Danke sagen

Unterwegs sein

Als Jesus ein andermal zu ihnen redete, sagte er:
Ich bin das Licht der Welt. Wer mir nachfolgt,
wird nicht in der Finsternis umhergehen,
sondern wird das Licht des Lebens haben.
JOHANNES 8,12

Unterwegs sein
das zentrale Wort für unser Leben
die entschiedene Haltung für den wachen Menschen
das gelebte Ja des Christen zur Nachfolge

Unterwegs sein
mit Hoffnungen und Zuversicht
mit der Bereitschaft, sich herausfordern zu lassen
mit Beklemmungen, Ängsten und Sorgen
mit einem festen Glauben in den Beistand von oben

Unterwegs sein
sich vertraut machen
mit Glück und Unglück
mit Not und Leid
mit Mühe und Last
mit Segen und Gnade

Unterwegs sein
zu mehr Mensch-Sein
zu mehr Weite des Herzens
zu tieferem Glauben
zu Begegnungen und Erfahrungen mit Gott

Unterwegs sein
mit mir selbst
mit allem, was zu mir gehört
nicht nur mit Teilen von mir
mit Menschen
die mir anvertraut werden
die meine Hilfe brauchen
die mich tragen und fördern
die mit mir lachen, tanzen und fröhlich sind

Unterwegs zu sein
dazu fordert uns unser Leben und unser Glaube auf

Du hast mich sehr bereichert

Wohl dem Mann, der Weisheit gefunden,
dem Mann, der Einsicht gewonnen hat.
Denn sie zu erwerben ist besser als Silber,
sie zu gewinnen ist besser als Gold.
Sie übertrifft die Perlen an Wert,
keine kostbaren Steine kommen ihr gleich.
SPRICHWÖRTER 3,13–15

Ich war ohne dich
nicht unglücklich in der Welt
nicht unzufrieden mit meinem Leben

Aber welch ein Glück für mich
dass es dich gibt und dass du da bist
Du bist so ganz anders als ich

Mit deinen Augen
sehe ich die Welt und das Leben
aus einem ganz anderen Blickwinkel

Deine Gedanken
erschließen mir unbekanntes Land
und bringen mich auf ganz neue Ideen

Deine Fragen
lassen mich innehalten
und noch einmal sorgfältiger nachdenken

Deine Einstellung zum Leben
ist so herrlich positiv
und von Versöhnung geprägt

Deine Freude
springt über und steckt an
Deine Trauer
wird anderen nicht zur Last

Ich hätte ohne dich
nicht unglücklich und unzufrieden leben müssen

Aber mit dir
ist die Welt und das Leben
um vieles schöner und reicher geworden

Welch ein Glück für mich
dass es dich gibt und dass du da bist

Wer bin ich für dich?

Sie sagten: Die einen halten dich
für Johannes den Täufer, andere für Elija,
wieder andere für Jeremia oder
sonst einen Propheten. Da sagte er zu ihnen:
Ihr aber, für wen haltet ihr mich?
MATTHÄUS 16,14–15

Nicht nur Jesus fragt uns:
Wer bin ich für dich?

Die gleiche Frage stellen uns
die Putzfrau und die Verkäuferin
die Nachbarn und Arbeitskollegen
ältere Menschen
die Hungernden in aller Welt
die Obdachlosen
die Dirnen
viele Flüchtlinge
die Benachteiligten
die Unterdrückten
die Einsamen
die Betrogenen und Hintergangenen

Möge es uns nach und nach gelingen
auf ihre Frage „Wer bin ich für dich?"
ehrlich antworten zu können:
Du bist für mich jemand
mit dem ich
in Achtung und Verbundenheit leben will

INHALT

Sich bergen

Sich dem Leben stellen

Sich begegnen und beschenken

Von Clemens Nodewald sind im Echter Verlag
auch folgende Bände erschienen:

… weil ich getragen werde
Gebete und Texte des Trostes und der Zuversicht
2. Auflage, 142 Seiten, Broschur
ISBN 978-3-429-02922-7

Das sichere Gefühl, „getragen zu werden", ist
für jeden Menschen eine wesentliche Kraftquelle
für sein Leben. Wer sich getragen weiß, gestaltet
sein Leben und Handeln mit Zuversicht und Mut.
Vor diesem Hintergrund umkreist der Autor zahl-
reiche Lebensbereiche und zeigt, dass wir durch
Gott oder die Mitmenschen vielfältig getragen werden. Gleichzeitig wirbt er dafür, das Leben nach
den Weisungen Gottes zu gestalten, um immer neu
persönlich zu erfahren, in welch einmaliger Weise
jeder von Gott gehalten und gestützt wird.

Das Herz öffnen
Gedanken und Gebete zu Berufung
und Sendung der Christen
ISBN 978-3-429-03026-1
128 Seiten, Broschur

Die meditativen Texte und Gebete laden dazu ein,
der persönlichen Berufung und Sendung nachzu-
spüren. Sie setzen bei der Betrachtung von grund-
sätzlichen Anrufen Gottes an uns Menschen an.
Danach wird der Blick geöffnet für die Vielfalt von
Berufungen und für unterschiedliche Situationen,
in die eine Berufung Menschen führen kann.